しあわせは じぶんの心が きめるもの

ことばと書　前川　晴

今日の話題社

はじめに

人は、誰でも、しあわせになりたいと願うものです。
私達は、誰もが、生まれた時からずっと、
しあわせへの道を、歩いているのではないでしょうか。

しあわせになるためには、
何がしあわせなのか、
どのようにしたら、しあわせになれるのかを、
知ることから、始まります。
そのことを知らずに、しあわせになりたいと願うことは、
まるで、行き先のわからない乗り物に、乗っているようなものです。

私は幼い時から、
どうしたらしあわせになれるのだろうと、
思い続け、生きてきました。

九歳の時、私は先生に、
「人は、何のために生きているのですか」と、
問いかけていました。

そんな私が、占いに巡り会って、二十年になります。

占いは、自分の運命を、見つめることによって、
自分の心と、向き合わせてくれるものです。

あなたが、人生の道のりの中で、
自分の運命に対して、「なぜ」と、意味を問いかけた時、
ページの中の言葉は、
あなたに向き合い、
あなたを見つめ、
あなたに語りかけます。

運命は、深く問いかければ、
深く答えてくれます。
強く問いかければ、
強く答えてくれるのです。

私は、たくさんの運命を見つめる中で、
いつでも、どんな時代でも、
どこでも、どんな場所でも、
みんなが、しあわせになることができる、
しあわせを、探し続けてきました。

私が見つめてきた、運命について、
私が探し続けてきた、しあわせについて、
今お話しします。

あなたにお放しします。

しあわせはじぶんの心がきめるもの　目次

運命について

自然　不自然について

真(ほんとう)のしあわせについて

しあわせについて

しあわせは　誰が決める

誰もが　しあわせになりたいと思っています

しあわせか
しあわせでないかは
誰が決めるのでしょうか
ひとりひとりの心が　決めるのです

他人(ひと)から「しあわせですね」と言われても
自分が　そう思わなければ　しあわせではありません
他人(ひと)から見て　ふしあわせであっても
自分が　しあわせだと思えば
誰がなんといっても　しあわせなのです

あなたが　日本一しあわせだと思ったら
あなたは　日本一のしあわせもの

あなたが　世界一しあわせだと思ったら
あなたは　世界一のしあわせもの

あなたが　宇宙一しあわせだと思ったら
あなたは　宇宙一のしあわせものになれるのです

郵便はがき

料金受取人払

大崎局承認

2351

差出有効期間
平成21年5月
31日まで
（切手不要）

1 4 1-8 7 9 0

1 1 5

東京都品川区上大崎2－13－35
ニューフジビル2階

今日の話題社 行

■読者の皆さまへ

ご購入ありがとうございます。誠にお手数ですが裏面の各欄にご記入の上、ご投函ください。

今後の企画の参考とさせていただきます。

お名前	男 女	才
ご住所 〒		
ご職業	学校名・会社名	

今日の話題社・愛読者カード

ご購入図書名

ご購入書店名

※本書を何でお知りになりましたか。
イ　店頭で（店名　　　　　　　　　　）
ロ　新聞・雑誌等の広告を見て
（　　　　　　　　　　）
ハ　書評・紹介記事を見て
（　　　　　　　　　　）
ニ　友人・知人の推薦
ホ　小社出版目録を見て
ヘ　その他（　　　　　　　　　　）

※本書について
内容　　（大変良い　良い　普通　悪い）
デザイン（大変良い　良い　普通　悪い）
価格　　（高い　普通　安い）

※本書についてのご感想（お買い求めの動機）

※今後小社より出版をご希望のジャンル・著者・企画がございましたらお聞かせ下さい。

出版したい原稿をお持ちの方は、弊社出版企画部までご連絡下さい。

宇宙一の
しあわせ
もの

は

しあわせの　ものさし

みんな　自分がふつうで　周りの人が　へんだと思っています
私達は　自分がふつうで　自分以外の人がおかしいという
自分の基準　自分のものさしを　持っているのです
そのものさしは　誰もが持っています
そして　人それぞれに違っています
自分のものさしで　他人（ひと）をはかると　なんて変わった人なのだろう
何を考えているのか　さっぱりわからないと　思うのです
あなたも　私も　それぞれに違うものさしを　持っています
ひとりひとり　違うものさしを　使うのですから
その人　その人によって　しあわせの種類も　基準も違います

ひとりひとりの　しあわせは違うのです

他人(ひと)の心

人は誰でも　他人(ひと)の心が　知りたいものです

あの人は　何を考えているのだろう
あの人の心がわからないと悩んだりします
占いでは　その人が　どのような特徴を持っている人か
その人に　今　どのような運勢が来ているのかを　見ることが出来ます
しかし　その人が　今　何を　思っているのかは
本人に聞かなければ　わかりません

私達は　生まれた時から　自分の心は　わかるけれど
他人(ひと)の心のすべてを　確かめることは出来ないと　決まっているのです
どの人にも　平等に　このきまりごとが　与えられています

わかってほしい

誰もが　自分のことを　わかってほしいと思うものです
誰もが　自分のことを　わかってくれる人がいると　うれしいものです
私達は　自分をわかってほしいと　願うように生まれてきました
他人(ひと)に　わかってもらうためには　どのようにすれば　良いのでしょうか

言葉で伝えることです
あなたが思っていることは　あなたが言葉にして
心の中から　外へ出すことによって　他人(ひと)に伝わるのです
心の中で　いくら思っていても　他人(ひと)には伝わらないのです

あなたの思いを　言葉にして話すことによって
相手の言葉を聞くことによって　お互いのことがわかるのです

人も
言葉も大
どうし
切なもの

自分とは

自分とは　何でしょうか

自分という字は　自らに　分かれると書きます
ひとりひとりに　分けてもらっている分
自分に授かっている　自分の持ち分が　自分という存在なのです

誰もが　自分の心を　自分が担当しています
他人の心を　自分が担当することは　できないのです

みんな　自分が主役の人生です
ひとりひとりが　自分の心を　じっくりと　確かめ　確かめながら
自分の心に　正直に　生きることが大切です

じぶんのこころ

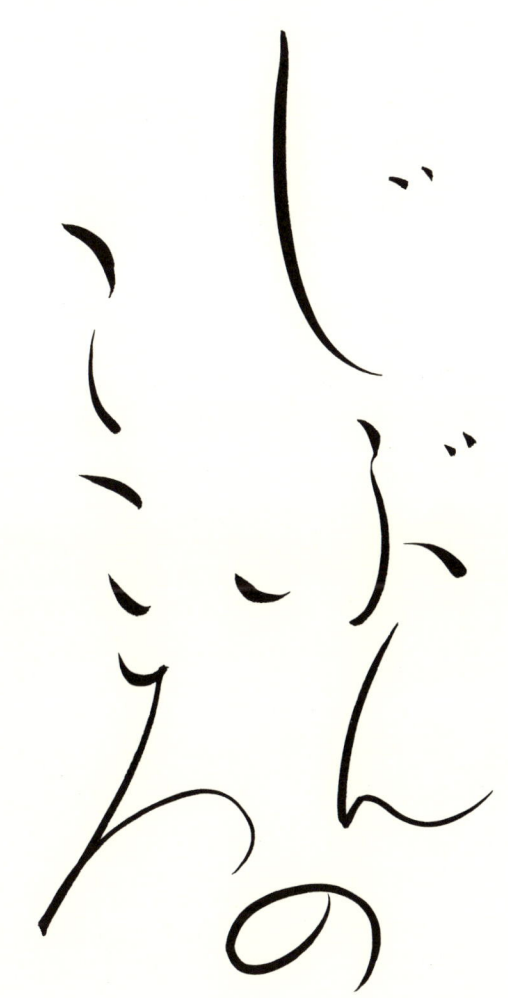

は

自分を知るには

私達が　自分のことを知るためには　どのようにすれば良いのでしょうか

人とかかわり合うことです
人は人と　かかわり合うことで　自分のことがわかるのです
あの人について　こう思っている自分がいる
この人といる時　自分はこう感じた　という様に
結局　私達は　人とかかわり合うことで　自分のことを確認しているのです

人の間　と書いて　人間です
私達は　人とのかかわり方を　勉強するために　人として生まれてきました
人は人と　かかわり合うことによって　自分自身を　知っていくものなのです

自らの心

私達　ひとりひとりに授かっている命は　ひとりひとりに　平等です
人は　生まれてくる時もひとり　死ぬ時もひとりです
ひとりひとりが　自分の分を生きているのです
私達は　息をして生きています
息という字は　自(みずか)らの心と書きます
生きるということは　自(みずか)らの心で　生きていくということです
人と人とが　共に生きていく中で　人に甘えて　頼り切ってしまうことは
自分の分をきちんと　生きていないことになります
人を甘やかし　かかえ込んでしまうことは
自分が　人の分まで　生きてしまうことになります

ひとりひとりが　自立して生きることで　誰もが　しあわせになれるのです

あなたの言葉

人は　自分を　信じてもらえると　自信が出てきます
人と人は　お互いを　信じ合うことで　つながりを強く感じるものです
人と人との関係は　お互いの印象によって　作られていくものです
あなたという人の印象は
あなたが　何を伝えたかということで　決まります

あなたの言葉の　ひとつひとつが　あなたという人を　作っているのです

あなたの言葉は　あなたそのものです

あなたのまわりの人との人間関係は
すべてあなたの言葉の　ひとつひとつで作られています

ことばは宝もの

は

出会いについて

私達の人生には　たくさんの出会いがあります
ひとつひとつの出会いには　出会いの意味と　お互いの役割があります
はじめから　お互いが出会う意味と　お互いの役割が決まっていて
人と人との　出会いがあるのです
私達は　たくさんの出会いに対して　どの人にも同じ方法で　かかわっていては
人との関係を　うまく運ぶことはできません
この人とは　このようにかかわると　うまく運び
その反対のかかわり方では、うまく運ばないということが
決まっているのです
私達は　人との関係が　うまく運ばない時
自分の努力が　足らないと　自分を責めたり
相手が　わかっていないと　相手を責めたりするものです

しかし　はじめから決まっている　出会いの意味を　変えることはできません
決まっているものならば
お互いがうまくかかわり合える方法を選ぼうという
〝あきらめ〟も必要です
あきらめることで　もう誰も責めなくて良いのです

人とのかかわりは　車の運転のようなものです
近づいて　はっきり見えた方が　良い場合もあれば
程々に離れて　安全を保つのがよい場合もあります
自分が　先頭で走った方がよい場合もあれば
人に合わせて　付いていくのが　良い場合もあります
並んで走っていくのがよい場合もあります

はじめから決まっている　出会いの意味のまま
お互いの役目のままに合わせると
人と人との出会いは　すべて良い出会いになります
この人と　出会えて良かったと思うことができます
反対に　本来の出会いの意味と　違うかかわり方をすると
お互いに　あんな人に出会わなければ良かったと　思うことになるのです

ひとつひとつの出会いは
ひとつひとつ内容の違う　私達に与えられた課題なのです

人は　一生を通して　人とのかかわり方を　勉強することになっています

運命について

運とは

運とは　いったい何なのでしょうか

運は　運ばれてくるものです
運は　自然の力から　私達に　与えられるものです
運は　あなたへの課題であり　あなたの持ち物でもあります
運には　生まれ持って　変わらないものと
時と共に　変わっていくものがあります
運には　一定のサイクルがあります
運は　どの人にも平等です
運は　しあわせに関係します
私の知っている運について　お伝えします

生まれた時に

私達が使っている名前は　人によって　付けられたものですが
私達の生まれる時は　人によって　決められたものではありません

私達は　自然の力によって　その時に生まれてきました

私達は　生まれた時にはすでに　ひとりひとり異なる特徴を持っています
生まれてから　特徴が決まるのではありません
私達は　生まれる前に　運命が　決定されていて
その時に　生まれてきたのです

自然の力によって　生み出された　私達の生年月日には
自然から授かった内容が　いっぱい詰まっているのです

運勢の波

私達は　どんな時に　しあわせだと感じるのでしょうか
みんな　いいことが起こった時は　しあわせだと感じます
悪いことが起こった時は　ふしあわせだと感じます
しあわせには　運勢が関係します
運勢とは　どのようなものなのでしょうか
運勢は　波のようなものです
打ち寄せたり　引いていったり　大波もあれば　小波もあります
波の種類もいろいろあります
この波は　あの人の所には来たけれど
私のところには来なかった　ということはありません
色々な種類の波が　色々な大きさで
どの人にも〝平等に〟巡り来ることになっています

動の波　静の波

私達が　運良く過ごすためには　どのようにすれば良いのでしょうか

運の波に　うまく合わせることです

運勢には　動の波と　静の波があります
動の波は　行動を起こすのによい波
静の波は　考えたり　反省をして　静かに過ごすのがよい波です

波の特徴のままに　合わせると
あの時に　あれができて良かった
この時に　これに気づくことができて良かったと
その波ごとの収穫を得ることができます

波の特徴のままに　合わせることができなかった場合は
無理をしたり　空回りをしてしまって
その波の収穫は　少ないものとなります

運の波に　良い波　悪い波というものはありません
それぞれの波に　特徴があるということです

運良く過ごすためには
自分の運の波について　知ることが大切です

運のエネルギー

人は誰でも　運が弱いより　運が強い方が　よいと思うものです

運を〝エネルギー〟で表現すると
運が強いというのは　運のエネルギーの量が　多い状態です
運が弱いというのは　運のエネルギーの量が　少ない状態です

量が　多いか　少ないかという　違いであって
運の良い　悪いではありません

運勢の中で　運の波が強く来た時は　エネルギーが多い時にあたります
運の波が弱く来た時は　エネルギーが少ない時にあたります

多い時には　エネルギーをたくさん使い
少ない時には　エネルギーを控えめに　使うのがよいのです

元々　ひとりひとりが　持って生まれた　運のエネルギーの量も決まっています

量の多い人は　余らせると不満になり
量の少ない人は　持っている量を超えると　無理をすることになるので
じっくり　ゆっくりが　合っています

ひとりひとりが　自分の持っている運エネルギーを
有効に使うことが大切です

出来事は・・・・

人は　この先　どんな事が起こるのかを　知りたいものです
占いでは　あなたに　いつ　どのような運気が巡るのか　ということを
知ることができます

運気の気は　気持ちの気です
あなたが　その運を迎えた時　運の影響を受けて
どのような気持ちになりやすいのか　ということがわかるのです

しかし　あなたに　何が起こるのかはわかりません
なぜなら　出来事は　その人の　行動の結果だからです
あなたが　その時　こういう気持ちだったから　このように行動した
その結果として　このような事が起こった　というものが出来事です

私達が　どのように行動するかによって
起こる出来事が　違うからこそ
運気を知ることが必要なのです
起こる出来事が　すべて決まっているのなら
私達は　何の行動も起こさなくて良いことになり
運気を知る必要もありません

その人の人生は　その人の行動によって　作られるものです

私達は　運気を知ることによって
より良い行動を　選ぶことができ
納得して　行動を起こすことができるのです

運勢の巡り

運勢は　どのように　巡ってくるのでしょうか
運勢には　小さい周期を持つものと　大きい周期を持つものがあります

小さい周期を持つものは
毎日の運勢　毎月の運勢　毎年の運勢です

この小さな周期の運勢は　一つのサイクルが終わると
また同じサイクルが巡るという　きまりになっています

一つのサイクルは
何種類かの運勢が　ひとまとまりに　なっているのです

何種類かの運勢の　一つ一つは　私達にとって
それぞれ内容の違う課題が　巡ってくるようなものです

小さい周期の運勢は　周期ごとに　何度も巡ってきます

人は　同じ事を　何度も体験すると
前より　少しは　うまくできるものです

小さい周期の運勢は　繰り返しの体験を通して
私達を　成長させてくれるものなのです

運勢には　人生を　十年ごとに区切る
大きな周期を　持つものがあります

人によって　十年ごとの区切りが
何歳ごとに巡ってくるのかは　異なりますが
どの人にも　十年ごとに　運勢の区切りと
その区切りを　境目とする　運勢の変化があります

運勢は　運気でもあります
運勢が変わると　運気が変わります
運気が変化すると
その影響を受けた　その人の気持ちや考え方が　変わります

十年ごとの運勢は
十年間の運勢が　ひとまとまりになっています

私達は　生まれ持った　自分の特徴を持ちながら
十年間ひとまとまりの運勢の
大きな影響を受けていくものなのです

私達にとって　十年間ひとまとまりの運勢は
十年間の課題になります
この十年間は　この気持ち　この考え方を大切にして
この十年間での収穫を得て下さいという
課題なのです

私達の人生は　小さい周期の運勢によって
何度も繰り返し　同じ課題を与えられ
大きい周期の運勢によって
十年間の大きな課題を　与えられています

人生は　学びそのものです

同じまま　とどまっている運勢はありません　変わらない人もありません
人は　みんな変わっていくものです
変わっていくことで　成長できるのです

私達の人生は　私達の成長のためのものなのです

あなたとわたしの出逢い
あなたとわたしの学び

欠点とは

人には　みんな欠点があります
欠点のない人はありません
欠点とは　その人に欠けているところ
その人が　持っていないもののことです
私達　ひとりひとりは　自分の個性を持っています
個性は　その人が持っているものの特徴です
個性は　引き出しと　その中身の様なものです
どの人も　自然の力によって　同じ数の引き出しを　与えられています
引き出しの数が多い人はありません
引き出しの中には　たくさんある種類の中から
それぞれの人に選ばれた　中身が入っています
全ての引き出しに　中身が入っています

空になっている　引き出しはありません
全ての種類の中身を　持っている人もありません
これが　ひとりひとり違っていて
みんなが　平等に授かっている　個性なのです

他人(ひと)が持っているものを
自分は　持っていないと　うらやむ必要はありません
誰もが　持っていないものがあるという　きまりごとから
私達の人生は　スタートしているのです

元々　誰もが　足りないところがあるから　助け合いがあり
それぞれの役割があるのです

自分に合ったもの

自分に合ったものを見つけるためには　どのようにすれば良いのでしょうか

私達ひとりひとりは　生まれた時から
自然の力によって与えられた　自分の持ち物を持っています
自分が持っているものは　自分が好きなものであり　得意と感じるものです
自分が持っていないものは　自分が好きなものではなく　苦手と感じるものです
私達が　自分に合ったものを　見つけるためには
まず　自分の持っているものについて　知ることです
そして　自分の持っているものを　生かす選択をすることです

私達ひとりひとりに　与えられている　大きな役割は　自分を生かすことです
それぞれの人が　自分を生かし　生き生きと輝いて　生きていくことが大切です

相対するもの

陽と陰　明と暗　強と弱　大と小・・・・・
私達は　相対するものが　存在する中で生きています
なぜ　相対するものがあるのでしょうか
それは　両方があることによって　それぞれのことがわかるからです
片方だけでは　わからないからです
運勢は　動の波と　静の波が　あることによって
活動する時と　休む時があることがわかります
また　自分の持っているものと　持っていないものが　あることによって
得意なもの　不得意なものがわかるのです
うれしい思いの反対は　かなしい思いです
多くの辛い思いをした人は　多くのしあわせを　感じることができます
相対するものは　両方とも　必要なものです

お互いの違い

私達が　お互いに助け合って　生きていくためには
お互いを理解することが大切です
お互いを理解する中で
お互いの違いを　認めることは　とても重要です

私達は　ひとりひとり　生まれ持ったものが違います
それぞれの人が　生まれ持ったものは
それぞれの人の　考え方の基準を作っています

生まれ持ったものを　その人が持っている〝星〟と表現すると
パートナーの星を持つ人は　パートナーの事が　特に気になります
子供の星を持つ人は　何より子供のことが　気になります

その人が持っている星は
その人が　特に意識するものとして
その人の考え方に　表れます

お金の星を持っている人は
お金について　気になる人です
お金の星を持っていない人は
お金については　あまり気にならない人です

人は　それぞれに　それぞれの考え方を　持っているのです

プラス思考

人は誰でも　たくさん良い事が　起こって欲しいと　思うものです
悪い事は　出来るだけ　起こって欲しくないと　思うものです
良い事　悪い事は　どのように決められるのでしょうか
良い　悪いは　私達の感じ方を　表現したものです
あなたが　良いと感じた事が　良い事であり
あなたが　悪いと感じた事が　悪い事です
物事を　良いと感じる元には　〝プラス思考〟があります
プラス思考とは　物事の良い面　明るい方向を　見つけようとする考え方です
私達が　生きていく中で　良い事をたくさん起こすためには
プラス思考になることが必要です

しあわせになるためには　プラス思考が　一番大切なのです

運命には

私達の運命には　二種類あります
生まれ持って変わらない特徴と　時と共に変わっていく運勢です
私達が　しあわせになるためには　生まれ持った自分の特徴を知り
自分を生かすことが大切です
そして　自分の運勢について知り　運勢の波にうまく合わせることが必要です
人は時々　一所懸命に生きる中で　自分の事が　わからなくなることがあります
占いは　自分で　自分のことを　第三者として　ながめることができるものです
人は　自分について知り　自分の運勢を　確認することによって
迷いなく　納得して　人生を歩いていけるのです

自然不自然について

自然　不自然とは

私達が　いつも　なにげなく使っている
自然　不自然という言葉は
私達に　大切なことを教えてくれます

私は　人の運命を占う時
この自然　不自然という言葉で　お伝えしています
自然とは　自然の力が生み出した　元のままの姿のことです
この　自然　不自然について　お伝えします

悩みは

私は　その人の悩みに　向き合う時　その人が
その人の運命に対して　自然であるか　不自然であるかを見つめます
そして　私が感じた　その人の不自然について　お伝えしています

悩みは　その人の　不自然な状態から起こっています
悩みは　不自然な自分に　気づくためのものです
気づきは　不自然な自分から　自然な自分に　戻るためのものです
人が　しあわせに過ごすためには　自分の運命に対して
自然であるか　不自然であるか　ということに　気づくことが必要です

自然な自分に　悩みはありません
不自然な自分には　悩みがあります

大自然をみつめる

私達は　自然の力によって　生まれてきました
私達を　生かしてくれている大自然の環境も　自然の力が　生み出したものです

大自然を　みつめてみましょう
大自然は　私達に　大切なことを　教えてくれます
私達がいて　大自然が　あるのではなく　大自然があって　私達がいるのです
私達は　大自然の一部です
大自然は　私達のお手本です
大自然は　私達に　大切な気付きを　与えてくれます
気付きとは　気・エネルギーが　付くということです
大自然から　与えられる気付きは
私達が　生きていくための　〃力〃となるものです

変化する

大自然の季節の移り変わりと　人の運勢の移り変わりには
共通する　自然　不自然があります

季節は　春　夏　秋　冬と　変化していきます
運勢は　一つの運勢から　次の運勢へと　変わっていきます
季節も　運勢も　とどまることなく　変化し続けます
移り変わる季節を　生きた木々には　年輪という　印があります
移り変わる運勢を　生きた人々には　年齢という　印があります
木の年輪も　人の年齢も　変わり行くものの中で　生きた証（あかし）です

変化することが　自然です
変化せず　とどまることは　不自然です

明るい方へ

大自然の植物は　光のある方へと　伸びていきます
私達人間も　希望のある方へ　向かっていきたいと思うものです

植物も　人も　明るい方に向かって　生きたいのです

植物は　光のないところで　伸びることが　難しいように
人も　希望が見えなくなると　悩み　暗くなります
希望が　見えると　元気になり　明るくなります

明るい方に向かうのが　自然です
暗い方に向かうのは　不自然です

へだたりなく

大自然は　空気も　水も　太陽の光も
私達に　分けへだてなく　与えてくれています
私達の運命は　それぞれに　個性という持ち物と　巡り来る運勢があり
すべての人に　分けへだてなく　与えられているものです

自然の力によって　生み出されたものは　すべてに　へだたりがないのです

大自然の大地は　へだたりなく　どこまでもつながっています
その大地を区切ったのは　人間です

へだたりが　ないのが自然です
へだたりを　作ることは　不自然です

もとは
ひとつ

ちょうど良い

大自然の　生きものたちは　それぞれに　自分たちが
生きるのに必要な分だけ　大自然の恵みを得て生きています
自然の力によって　生み出されたすべてのものは
それぞれに必要な分だけで　生きることが自然です

私達は　何かを　必要以上に　求めようとする時　無理をしてしまいます
無理をすることは　長く続かないものです
がんばりすぎると　疲れます
余分なものを　持っていると　重たくて動きにくいものです

何事も　すぎることは　不自然です
ちょうど良いのが　自然です

ちょうどいいのが
いい

やわらかく

大自然の　植物たちは　強い風にも　柔らかくそよいで生きています
色々な　変化の中で　生きていくためには　柔らかさが必要です
私達人間も　移り変わる運勢を　生きていくためには　柔らかさが必要です
自分の考えが　正しいと　決めつける人は　頑固な人です
頑固な人は　固まっています　固まっているものは　変わりにくいものです
人は　頑固になると　色々な変化に合わせて
成長していく可能性を　消してしまうことになります
柔らかいものは　傷つきやすいものです　傷つくと　痛みを感じます
けれども　人は　その痛みを　優しさに変えることができます

柔らかく生きることが　自然です
固く　生きることは　不自然です

やわらかい
こころ

調和

大自然は　森があって　虫がいて　鳥がいて　動物がいて
すべてのものが　調和して　生きています
私達人間は　それぞれの人に　役割があって
お互いに助け合いながら　ひとりひとりの運命を　生きています
大自然も　人間も　すべてに役割があり
すべてがバランスよく調和して　生きることが大切です
そこに　ずっと続く未来が　あるのです

調和しているのが　自然です
自然は　ずっと続くものです
調和していないのは　不自然です
不自然は　ずっと続かないものです

みんながいて
みんなにいいこと

天　然

自然＝天然です

天然とは　人の手が　加わっていないもののことです

大自然は　大自然のままであることが　自然です
大自然が　人のために　他の姿に変わっていくのは　不自然です

私達人間も　同じです
あなたが　何かのために　あなたらしくない　あなたになるのは　不自然です

自然な　あなたが良いのです
あなたらしい　あなたが良いのです

みんな
つつまれている

は

真（ほんとう）の
しあわせに
ついて

なくならないしあわせ

あなたのしあわせは　なくならないものですか
誰もが　これがあればしあわせになれる　というものを求めて生きています
私達は　これがあればしあわせになれる　というものを手にした時
いつまでも　なくならないで欲しいと　思うものです
この気持ちは　不安を作ります
この不安をなくすには　どうしたらよいのでしょうか
いつまでも　なくならない何かを求め　手にすることが
永遠に　しあわせでいる　方法です
なくならない　真（ほんとう）のしあわせについて　お伝えします

運命の階段

私達の運命は　階段になっています

その一段一段には
その時　その人に与えられた　課題があります
その人が　その課題に向き合い
その課題が　与えられている意味を　理解した時
その一段を　合格(クリア)したことになります
そして　次の一段へと　進むことになっていきます

ある一段の　課題を残して　先に進もうとした場合
時と　形を変えて
その課題に　再び向き合うことになります

課題とは　何でしょうか

あなたの人生の中の　出会いと　出来事です

ひとつ　ひとつの出会いに　意味があり
ひとつ　ひとつの出来事に　意味があります
その意味を識(し)っていくことが　人生なのです

これまでも　そうであったように
あなたに　必要な課題は
これからも
必要な時に　必要な分だけ与えられます

反省の時

私達は　しあわせへの階段を　一日一日　一歩一歩　昇っています
けれども　前に進める時ばかりではありません
立ち止まってしまう時もあります
それは　反省の時です
反省は　あなたが足を止めて　あなたが持っている
しあわせへの　旅行カバンの中身を　整理する時です
これから　あなたが前に進むために　必要なものか　必要でないものかを考えて
必要でないと気づいたものを　省くために与えられた　大切な時間なのです
必要でないものを省くと　軽くなります
新しいものが入る　空間もできます
そして　すっきりしたカバンと共に　前よりも強い足取りで
また一歩ずつ進んでいけるのです

いっぽ
いっぽ
ひとつ
ひとつ

目の前の

人は誰でも　早く　しあわせになりたいものです
早く　しあわせになるためには　どのようにすればよいのでしょうか

今　あなたの目の前にあることに　向かい合い　実行することです
今　あなたの目の前にあるものに　懸命になることです

今　あなたの目の前にあるものは　今のあなたに　与えられている課題です

きちんと出来るか　出来ないかと　考える必要はありません
あなたが　行うと良いことだから　目の前にあるのです
行うことに意味があるのです

目の前の先には　目の前があります
目の前は　次の目の前へと　つながっているのです

目の前にあることをしないで　先に進むことは出来ません

目の前と　目先は違います

目の前は　ずっと続くものです
目先は　今だけのことです　先に続かないものです

しあわせへの道は　目の前の一歩からです
目の前のこと　目の前のことへと　進むことが　しあわせへの一番の近道です

勇　気

私達に　行動を起こそうと　呼びかけるものは　心の中の勇気です
誰でも　心の中に　勇気を持っています

勇気の反対は　弱気です
勇気は　前に進もうとするエネルギーです
弱気は　その場に　とどまろうとするエネルギーです
心の中から　勇気を出すのか　弱気を出すのかは　その人自身が決定します

勇気を出せば　必ず　ごほうびがあります
前進という　ごほうびです
私達は　誰でも　前進　成長したいと　思うように　生まれてきました
前に進もうとすることが　自然です

授かりもの

私達の人生の中で　たくさんの　良い出会いや　出来事が起こるためには
どのようにしたらよいのでしょうか
出会いや　出来事は　授かりものです
自然の力から　私達への　贈り物なのです
あなたが　誰かに　贈り物をした時　うれしいと　喜んで受け取ってくれる人と
不満そうに　受け取った人がいたとしたら　どう思いますか
うれしいと　受け取ってくれた人には　またあげたいと思います
不満そうに　受け取った人には　もうあげたくないと思うものです

運命も　全く同じことです
あなたが与えられた運命を　ありがたいと　感謝の気持ちで　受け取れば
次々と　良い出会いや　出来事を与えられます

行動を起こす

人生は　うまくいくことばかりではありません
人は　誰でも
悪いことをしてしまった　失敗をしてしまった・・・・と
いろいろまちがいがあるものです
まちがいのない人はありません

それでも　私達は　まちがいを恐れず
前向きに　行動を起こしていくことが大切です

心の中に不安があったとしても
身体が行動を起こして　実行すれば
結果として　心の不安が　なくなってしまうこともあるのです

それは　現実に　行動を起こした自分を
自分の心が　ほめてあげたくなるからです

そのごほうびが　自信です

実行して　心で確かめる
発言して　心で確かめる

目に見える現実を　生きる私達は
目に見える身体で　行動し
その結果を　自分の心で
確かめることが大切です

豊かさ

お金は　私達を　しあわせにしてくれるものでしょうか
人は　それぞれに　その人が望む　豊かさを求めて生きています

お金は　豊かさに関係するものです
お金は　使うことで　別の形に変わるものです
私達は　お金を別の形に変えて　満足な気持ちを得るために　お金を使います

この満足な気持ちには　二種類あります

一つは　次から次へと　ころころと変わっていく　一時の　満足な気持ちです
もう一つは　いつまでも変わらない　真（ほんとう）の満足な気持ちです

ころころと変わるものには　替わるものがあります
いつまでも変わらないものには　替わるものがありません
いつまでも変わらないものは　一つしかない　かけがえのないものです
真（ほんとう）に　満足な気持ちを　得るためには
かけがえのないものを　得ることです
かけがえのないものを　得るためのお金は
私達を　真（ほんとう）に　豊かに　しあわせにしてくれます

しあわせ探し

私達は　しあわせに　なりたいと思い
しあわせを　探して生きています

しあわせになるためには
あなたがしあわせを
見つけられる人でなければなりません

しあわせがそこにあるのに　見つけることが出来なければ
いつまでたっても　しあわせにはなれないのです

しあわせを　見つけることが出来る人は　どんな人でしょうか

現実に　在るものを　認めることが出来る人です

「もし・・・だったら」と
在るものを　ないと思う人や
ないものを　在ると思う人は
しあわせを　見つけにくい人です

私達は　今　ここに生かされています
現実に　心と　身体と　今の生活があります

たくさんの　〃おかげさま〃　に支えられて
今の私達が　在るという事実があります

運命の深い意味

なぜ　運命というものがあるのでしょうか
運命には深い意味があるのです

私達ひとりひとりに　与えられている個性には
『あなたは　この特徴を生かして　しあわせになって下さい』
という意味があります

それぞれの特徴は　その人が　好きなものの特徴です

自分の好きなものを　大切にすると　その人らしさがあらわれます
自分らしく生きると　生きがいを　感じることができます

生き生きと　輝くことができます
自分のことが好きになります
自分のことを好きになると
生まれてきてよかったと　感じることが出来ます

私達は　どの人も平等に
それぞれに　素晴らしいものを持って　生まれてきています

私達ひとりひとりは　お互いに
あなたは素晴らしい
あなたがいてくれて良かったと　認め合い
助け合うことができる　存在なのです

私達　ひとりひとりに　巡ってくる運勢には
『あなたは　この運勢での経験を生かして　しあわせになって下さい』
という意味があります

私達は　何かを経験すると　何かがわかるようになります
一つ一つの運勢は　一つ一つの体験です
私達は　体験を通して　大切なことに　気が付き
体験を重ねることで　成長できるのです
そして　運勢が　平等に　与えられているのは　私達が　同じ体験を通して
お互いにわかり合うためなのです

運勢は　大切なことを識るしあわせを　与えてくれるものです

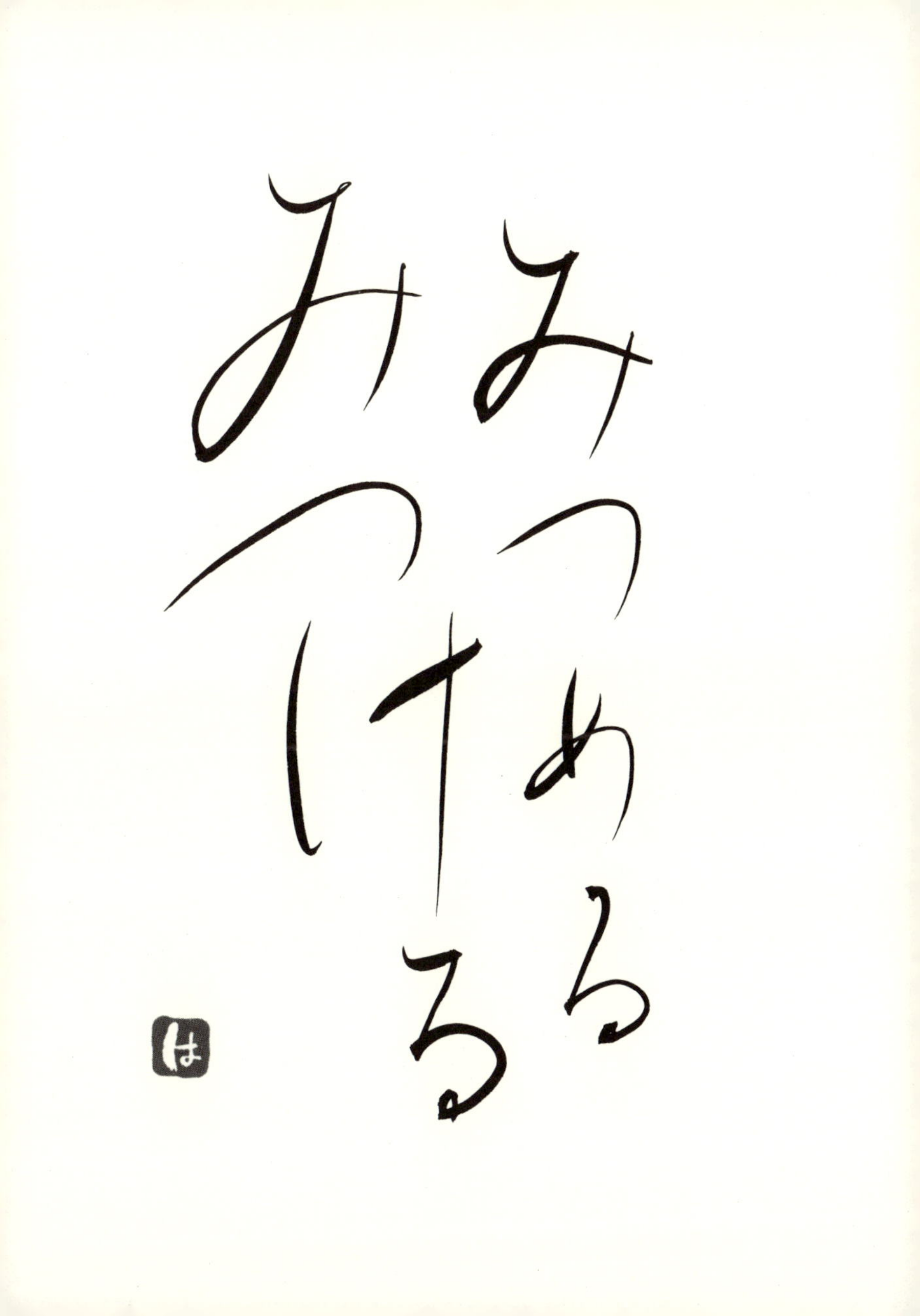

みつめる
みつける

真（ほんとう）のしあわせ

あなたが　いつまでもしあわせでいられる
いつまでもなくならない　しあわせは
どのようなものでしょうか

私達は　心と　身体があります
人は　誰でも　いつか死を迎え
身体はなくなりますが　心はなくなりません
いつまでもなくならない　しあわせは
心のしあわせです

どのような　心のしあわせを　求めれば
不安なく　安心して　生きていけるのでしょうか

開言葉(キーワード)は　〃つながり〃　です

私達は　私達の元(もと)となるものと　つながって

今　ここに在る　という真実があります

真(ほんとう)のしあわせは

私達の元となる　全てのものと　つながりを感じ

私たちを生み出した　自然の力と共に　生きることです

は

おわりに

現在(いま)、私は、ご縁ある人に、

「運命について」

「しあわせについて」

お話しをさせていただく、日々を送っています。

生きる意味を、問いかけた、幼い日から、
現在(いま)の私につながっていたのでしょう。

自然の力によって、
この地に、共に生まれ、共に生きる、
あなたへの真の言葉（メッセージ）。

苦しみは　あなたを　苦しめるためのものではなく
あなたに　深い気づきを　与えるためのものです

この宇宙で、自然の力があって、
天があって、地に人がいて、生きていく中で、
ずっと昔から、人は、自然の力に、問いかけてきたと思います。
そして、いつの時代(とき)も　天と地の間の、お話をする人がいたと思います。

自然の力に、与えられた、すべてに感謝します。

自然の力に、運んでいただいた、あなたとのご縁を、心から感謝いたします。

ありがとうございます。

今、私から、あなたへ、私の一番好きな言葉を贈ります。

あなたらしく
わたしらしく

は

――木花咲耶子（きはなさやこ）の運命カウンセリング――

四柱推命学・宿曜占法による運命鑑定を通して
心の在り方、日々の生き方を共に見つめ、
“現実的行動からしあわせになる方法”を
お伝えするものです。

（占名）木花咲耶子（きはなさやこ）は、「潔いお伝えをして皆様のお役に立ちたい」という志から、日本神話の女神様の御名より命名させていただきました。

【連絡先】

運命カウンセリング　*K・Y Room*（木花・四日市 ルーム）　事務所
三重県四日市市中浜田町 5-22-8F
TEL/FAX　059-352-1643

運命カウンセリング　*K・Y Room*（木花・四日市 ルーム）
ララスクエア鑑定所
三重県四日市市安島 1-3-31　ララスクエア 4F
TEL/FAX　059-356-5557

【お手紙のあて先】
〒510-0065　三重県四日市市中浜田町 5-22-8F
前川晴　行

【連絡先】
オフィスＨＡＲＵ
TEL/FAX　059-352-1643

前川　晴（まえがわ　はる）

1963年、三重県生まれ。

岐阜女子大学文学部国文学科卒業。

運命カウンセラー、運命カウンセリング *K*（木花）・*Y*（四日市） *Room*（ルーム）代表。

（占名：木花咲耶子（きはなさやこ））

運命に関する相談事に応じるかたわら、カルチャーセンター講師を務め、運命カウンセラーの育成に携わる。

幼い頃から書を学び、“自分らしく書を楽しむ”をモットーに、書道教室での指導を行う。「ことばと書」の作品を制作・発表し、心と言葉の大切さを伝える活動を行っている。

しあわせはじぶんの心がきめるもの

2007年 2月 2日　初版第1刷発行
2007年12月28日　初版第2刷発行

著　者　前川　晴

装　幀　宇佐美慶洋

発行者　高橋　秀和

発行所　今日の話題社（こんにちのわだいしゃ）
東京都品川区上大崎2-13-35　ニューフジビル2F
TEL 03-3442-9205　FAX 03-3444-9439

用　紙　富士川洋紙店
印　刷　ケーコム
製　本　難波製本

ISBN978-4-87565-574-9　C0092